Disney Junior

Maternelle
4-5 ans

MARVEL
Spidey et ses Amis Extraordinaires

Mon super bloc d'activités
Moyenne Section

Marina FILLON-TREFFOT
Professeure des écoles – @maitresseps

hachette
ÉDUCATION

UN SUPER BLOC D'ACTIVITÉS POUR APPRENDRE EN S'AMUSANT AVEC SPIDEY ET SES AMIS !

Un format pensé pour être facile à manier : l'activité est toujours dans le bon sens d'ouverture du bloc

Pour chaque activité : retrouvez l'objectif pédagogique

D'un côté du bloc : des activités de numération, de logique et de géométrie

Des activités ludiques, conformes au programme

De l'autre côté du bloc : des activités de lecture, de phonologie et d'écriture

En bas à droite de chaque page, l'enfant pourra ajouter un petit autocollant pour indiquer qu'il a terminé son activité !

ISBN : 978-2-01-726949-6

Hachette Livre, 2025.
58, rue Jean Bleuzen, CS 70007,
92178 Vanves Cedex
www.parascolaire.hachette-education.com

Édition : Emmanuelle Saint
Couverture et intérieur : Astrid Payet
Mise en pages : Audrey Izern

Achevé d'imprimer en décembre 2024 en Espagne par Grafo - Dépôt légal : janvier 2025 - Édition 01

© Marvel

Les fils des araignées

Tracer des traits verticaux

Spidey observe le chemin des araignées sur leurs toiles.
Relie chaque araignée à sa toile.

BRAVO !
Colle ici ton autocollant.

Équipe prête !

Colorier et maîtriser son geste

L'équipe Spidey est toujours prête à partir en mission !

Colorie ce dessin comme tu en as envie.

BRAVO !
Colle ici ton autocollant.

Lancers de citrouilles

Tracer des traits horizontaux

Attention aux citrouilles lancées par le Bouffon Vert !

Trace le chemin de chaque citrouille.

BRAVO !
Colle ici ton autocollant.

Vilains en vue !

Chercher et trouver des objets dans une scène

Les super-héros protègent la ville contre les vilains !

Cherche, compte et entoure les objets cachés.

2 5 6 10

BRAVO !
Colle ici ton autocollant.

Le mélange

Différencier lettres et graphismes

Docteur Octopus a mélangé les lettres et les graphismes.

Entoure en bleu les lettres et en vert les graphismes.

BRAVO !
Colle ici ton autocollant.

Œufs d’araignées

Compléter une collection

Certains œufs d’araignées ont disparu !

Dessine les œufs manquants dans chaque cadre.

6

4

5

6

BRAVO !
Colle ici ton autocollant.

Les fenêtres de la ville

Tracer un quadrillage

Ghost-Spider survole les immeubles de la ville.

Repasse sur les pointillés pour tracer les fenêtres.

BRAVO !
Colle ici ton autocollant.

Dans la ville

Reconnaître des chiffres

Docteur Octopus a caché des chiffres dans la ville.
Cherche, trouve et entoure les chiffres.

BRAVO !
Colle ici ton autocollant.

Trace-E et les lettres

Écrire des lettres droites

Trace-E regarde comment écrire des lettres.

Repasse sur les pointillés et complète les lignes.

E				
L				
F				
I				
T				
H				

BRAVO !
Colle ici ton autocollant.

Gare aux éclairs !

Reconnaître de grandes quantités

Quand Electro est là, il y a de l'électricité dans l'air !

Relie chaque ensemble au nombre qui lui correspond.

5 6 7 8

BRAVO !
Colle ici ton autocollant.

Les dominos

Identifier des lettres dans deux graphies

Aide Miss Marvel à reconstituer les dominos.
Relie chaque lettre en capitale à la lettre scripte correspondante.

E	f
F	e
H	h
I	t
L	i
T	l

BRAVO !
Colle ici ton autocollant.

Vol de formes

Compléter un tableau à double entrée

Black Cat a volé des formes dans le tableau !

Complète le tableau avec les bonnes formes et les bonnes couleurs.

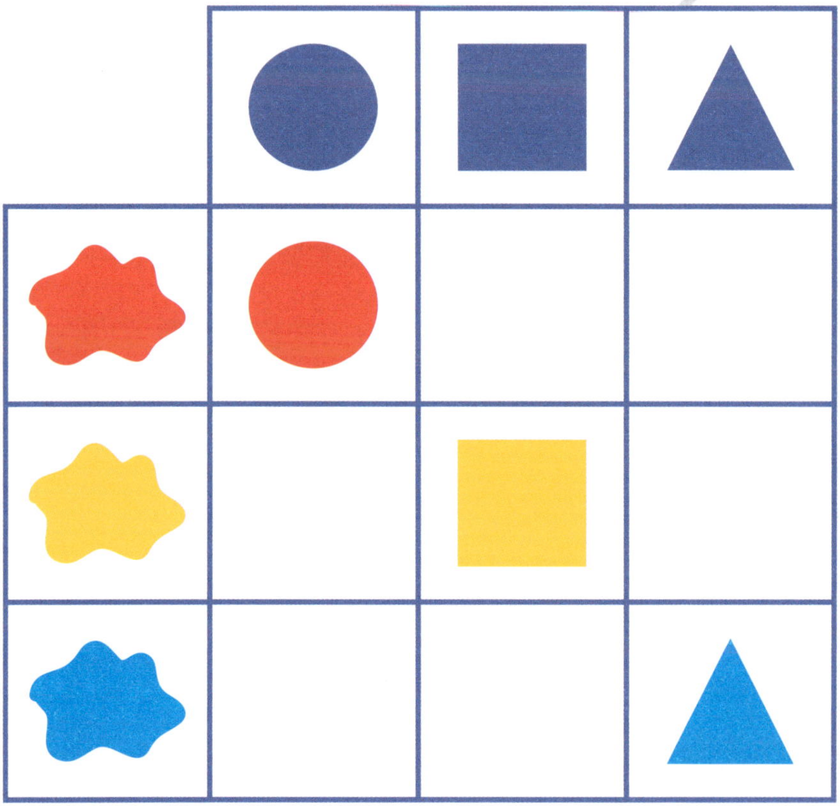

BRAVO !
Colle ici ton autocollant.

A comme Araignée

Identifier le son [a]

Trace-E a vu plein de choses en ville.

Colorie le dessin si tu entends le son [a] dans son nom.

BRAVO !
Colle ici ton autocollant.

Attention, travaux !

Tracer un triangle

Spidey doit mettre des plots sur les routes pour signaler des travaux.

Repasse sur les pointillés et trace d'autres triangles.

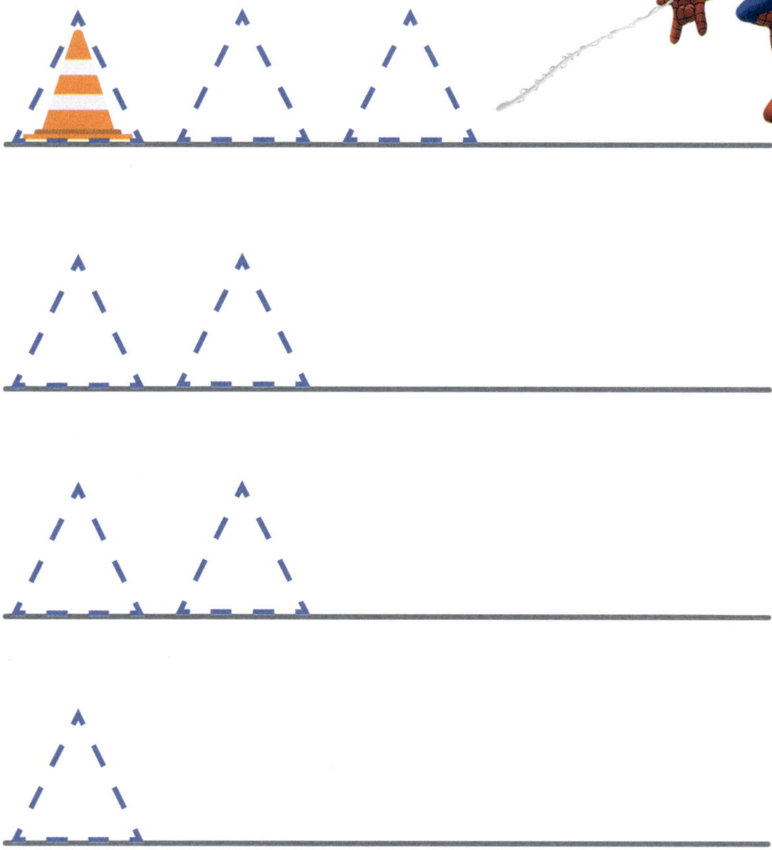

BRAVO !
Colle ici ton autocollant.

Gare au Bouffon Vert !

Tracer des cercles

Le Bouffon Vert a encore envoyé des citrouilles !

Entoure toutes les citrouilles.

BRAVO !
Colle ici ton autocollant.

Fenêtres manquantes

Tracer un rectangle

Il faut ajouter des fenêtres à ce joli immeuble.
Repasse sur les pointillés et trace d'autres rectangles.

BRAVO !
Colle ici ton autocollant.

Peter et ses amis

Retrouver des mots identiques en capitales

Peter a de formidables amis !

Relie les noms identiques.

GWEN • • TRACE-E

PETER • • GWEN

TRACE-E • • PETER

MILES • • MILES

BRAVO !
Colle ici ton autocollant.

La fuite de Rhino

Compléter une bande numérique

En voulant échapper à Spidey, Rhino a effacé des chiffres sur les bandes numériques.

Complète les trous dans chaque bande.

1	2	3		5	6		8	9	10

1	2		4		6	7	8	9	10

1		3	4	5		7	8	9	10

BRAVO !
Colle ici ton autocollant.

Les devoirs de Gwen

Écrire les lettres rondes

Même les super-héros doivent s'entraîner à écrire !
Aide Gwen : repasse sur les pointillés et complète les lignes.

O				
C				
G				
Q				

BRAVO !
Colle ici ton autocollant.

De beaux cadeaux

Tracer un carré

Ghost-Spider prépare des cadeaux pour ses amis.

Repasse sur les pointillés, puis trace des carrés.

BRAVO !
Colle ici ton autocollant.

Puzzle de lettres

Identifier des lettres dans deux graphies

Aide Spidey à associer les bonnes pièces de puzzle.

Relie chaque lettre en capitale à la lettre scripte correspondante.

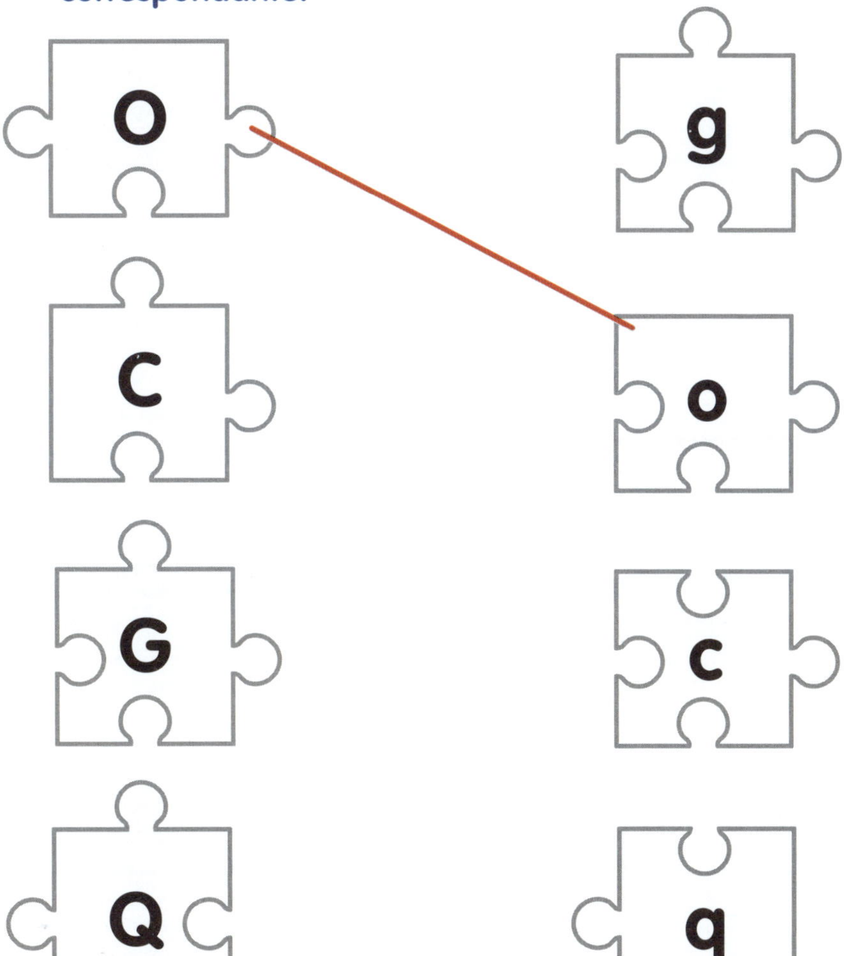

Les gâteaux de May

Dénombrer des quantités jusqu'à 8

Tante May a cuisiné beaucoup de petits gâteaux.

Compte et colorie le bon nombre de gâteaux sur chaque ligne.

I comme Immeuble

Identifier le son [i]

Que voit le Bouffon Vert sur son livre ?

Colorie le dessin si tu entends le son [i] dans son nom.

nuage

parapluie

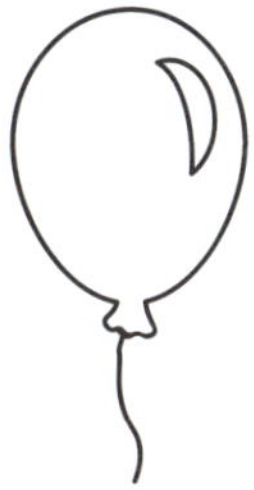

ballon

tournevis

immeubles

souris

fleur

dinosaure

BRAVO !

Colle ici ton autocollant.

Au marché

Écrire le chiffre 8

Au marché, Tante May a acheté 8 oranges.

Repasse sur les pointillés et complète les lignes.

BRAVO !
Colle ici ton autocollant.

L'attaque des robots

Faire correspondre des mots en capitales et en script

Les robots de Docteur Octopus vont attaquer la ville avec leurs pièges !

Relie les mots en capitales aux mots en script correspondants.

	ARAIGNÉE	robot
	ROBOT	araignée
	ÉCLAIR	toile
	TOILE	éclair

BRAVO !
Colle ici ton autocollant.

Sur le clavier

Reconnaître le chiffre 8

Iron Man aime travailler à l'aide d'ordinateurs.

Sur son clavier, colorie les touches qui contiennent un 8.

BRAVO !
Colle ici ton autocollant.

Une pluie torrentielle

Tracer des traits obliques

La pluie s'abat sur les amis ; ils vont se mettre à l'abri !

Repasse sur les pointillés pour tracer la pluie qui tombe.

BRAVO !
Colle ici ton autocollant.

Mon beau sapin

Tracer des cercles

Quel immense sapin !

Repasse sur les pointillés pour dessiner les boules du sapin. Tu peux ensuite les colorier.

BRAVO !
Colle ici ton autocollant.

Miles et les lettres

Écrire les lettres obliques

Miles te montre comment écrire certaines lettres.

Repasse sur les pointillés et complète les lignes.

A				
M				
N				
V				

BRAVO !
Colle ici ton autocollant.

Attaque de citrouilles

Comparer des tailles

Le Bouffon Vert a lancé des citrouilles à travers la ville !

Entoure, dans chaque ligne, la grande citrouille en rouge, la moyenne en jaune et la petite en bleu.

BRAVO !
Colle ici ton autocollant.

Les papiers

Identifier des lettres dans deux graphies

Tante May a retrouvé un carton avec des papiers à trier.

Aide-la : relie chaque lettre en capitale à la lettre scripte correspondante.

A	n
M	a
N	v
V	m

BRAVO !
Colle ici ton autocollant.

Bataille !

Comparer des quantités

Miles et Gwen jouent à la bataille : la carte avec le plus d'araignées gagne.

Dans chaque jeu de cartes, entoure celle qui gagne.

BRAVO !
Colle ici ton autocollant.

É comme Éclair

Identifier le son [é]

Electro a fait apparaître des éclairs et des dessins !

Colorie le dessin si tu entends le son [é] dans son nom.

girafe

banane

chien

cheminée

vélo

éléphant

BRAVO !
Colle ici ton autocollant.

Dans l'ombre...

Distinguer des ombres

Ces amis super-héros sont prêts à passer à l'action !

Relie chaque super-héros à son ombre.

BRAVO !
Colle ici ton autocollant.

Les animaux

Retrouver les mots identiques au modèle

Voici les deux animaux préférés de Tante May.

Dans chaque ensemble, entoure les mots identiques au modèle.

RENARD

RENARD

CHEVAL

RAT

VACHE

RENARD

RENARD

RENARD

CHAT

CHAT

CHIEN

CHAT

RENARD

CHAT

CHEVAL

CHAT

BRAVO !
Colle ici ton autocollant.

Les cadenas

Réaliser un algorithme

Le Bouffon Vert a mis des cadenas partout !

Aide Ghost-Spider à les ouvrir : tu dois colorier les formes en respectant l'ordre des couleurs.

Courses-poursuites

Tracer des lignes brisées

Chaque membre de l'équipe Spidey poursuit un méchant !

Repasse sur les pointillés pour tracer leurs chemins.

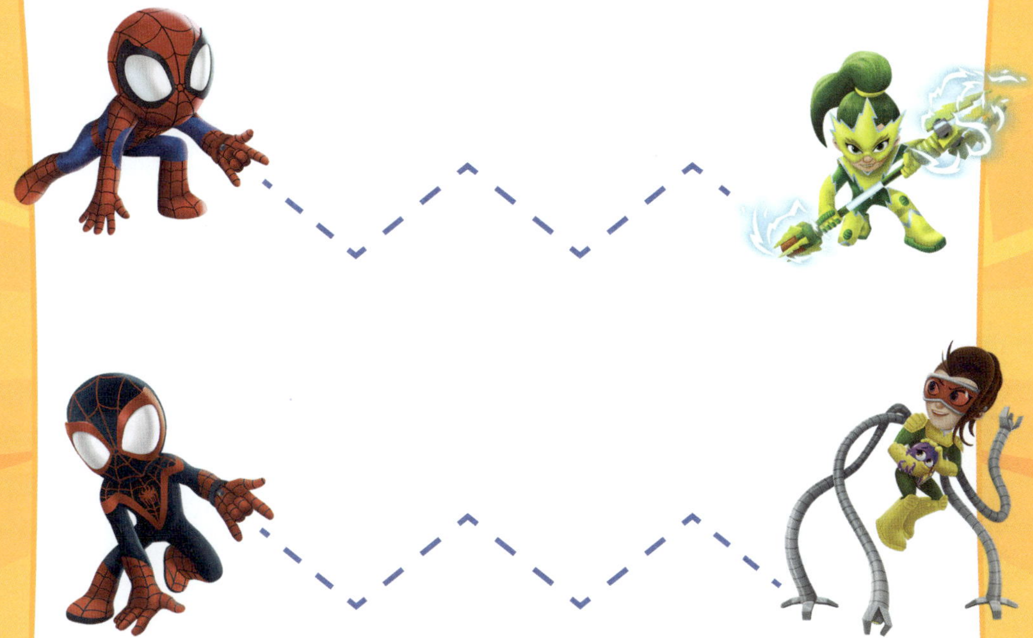

BRAVO !
Colle ici ton autocollant.

Grand concours !

Comparer des quantités

Ghost-Spider et Spin participent à un concours : celui qui fait le plus de toiles d'araignées gagne.

Dans chaque jeu, entoure le personnage qui gagne.

JEU N° 1

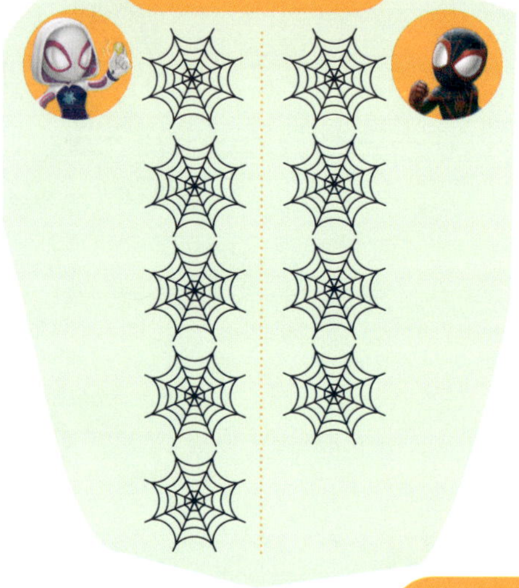

JEU N° 2

JEU N° 3

BRAVO !
Colle ici ton autocollant.

C'est effacé !

Écrire les lettres obliques

Le Bouffon Vert a effacé les lettres des lignes !

Repasse sur les pointillés et complète les lignes.

K				
W				
X				
Y				
Z				

BRAVO !
Colle ici ton autocollant.

Vélos retrouvés !

Écrire le chiffre 7

Miss Marvel a retrouvé les 7 vélos volés par Rhino !
Repasse sur les pointillés et complète les lignes.

7 7 7 7 7 7

BRAVO !
Colle ici ton autocollant.

Le bon timbre

Identifier des lettres dans deux graphies

Même Hulk envoie parfois du courrier !
Aide-le : relie chaque lettre en capitale à la lettre scripte correspondante.

K	w
W	k
X	z
Y	y
Z	x

BRAVO !
Colle ici ton autocollant.

La toile du 7

Reconnaître le chiffre 7

Trace-E a fabriqué une toile.

Colorie les parties de la toile qui contiennent le chiffre 7.

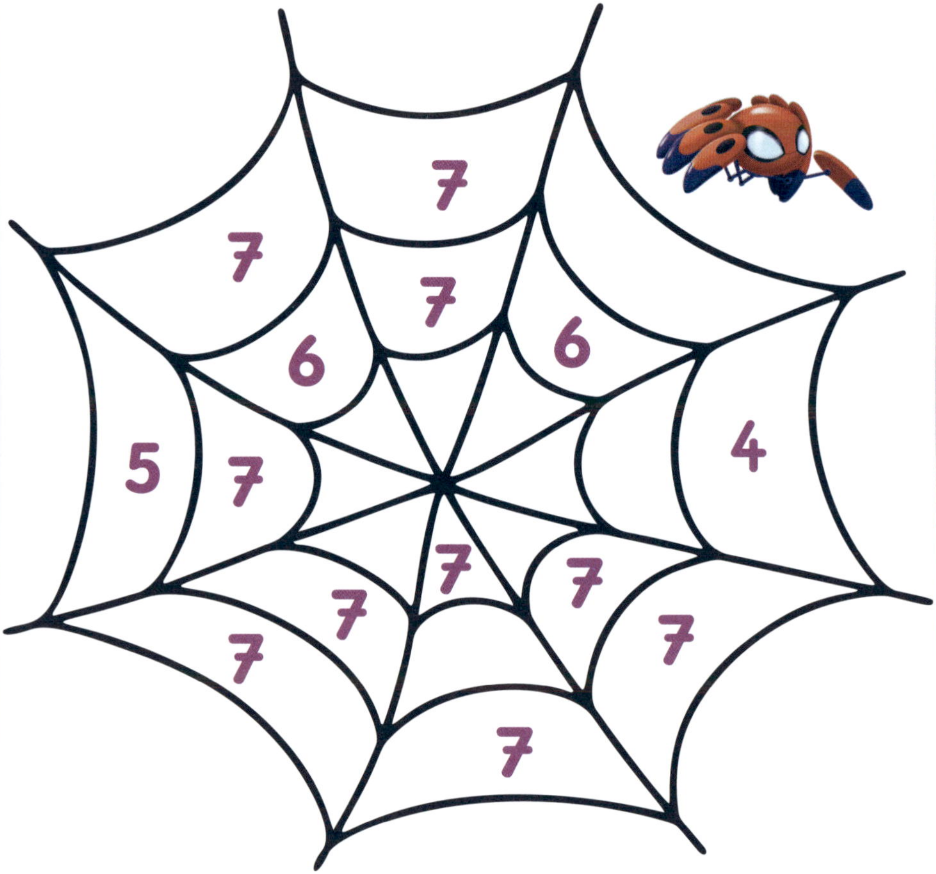

BRAVO !
Colle ici ton autocollant.

O comme Orage

Identifier le son [o]

Spidey et Hulk voient l'orage arriver !

Colorie le nuage si l'objet qu'il contient a le son [o] dans son nom.

robot

chocolat

trottinette

panier

voiture

banane

BRAVO !

Colle ici ton autocollant.

6 super-héros

Écrire le chiffre 6

Voici 6 autres super-héros et amis de l'équipe Spidey !

Repasse sur les pointillés et complète les lignes.

BRAVO !

Colle ici ton autocollant.

En route !

Tracer des ponts à l'endroit

Chaque petit robot veut rejoindre son ami.
Trace les ponts en repassant sur les pointillés.
Puis trace le dernier chemin tout seul.

BRAVO !
Colle ici ton autocollant.

Nouvelle mission

Reconnaître le chiffre 6

Les 3 amis sont réunis pour une nouvelle mission !

Aide-les à entourer les chiffres et les constellations du 6.

6
1
6
5
6
5
6
5
6
2
6
5
4

BRAVO !
Colle ici ton autocollant.

En hauteur

Tracer des ponts à l'envers

L'équipe Spidey observe les vilains depuis le toit d'une maison.

Trace les tuiles du toit de cette maison.

BRAVO !

Colle ici ton autocollant.

Les fils de Trace-E

Reconnaître les formes géométriques

Aide Trace-E à tracer des fils aux bons endroits.

Relie les formes géométriques identiques.

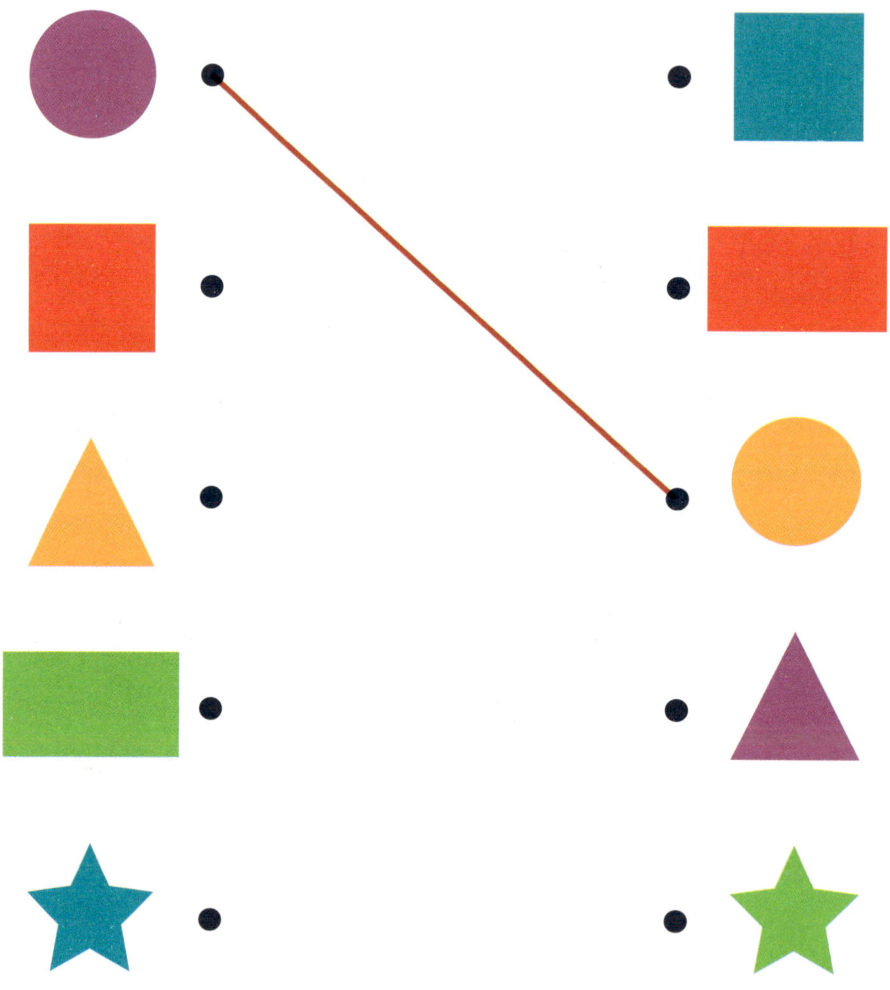

BRAVO !
Colle ici ton autocollant.

Trop de sable !

Écrire des lettres combinées

L'Homme-Sable a mis du sable partout sur les lignes !

Repasse sur les pointillés et complète les lignes.

B				
D				
J				
P				
R				
U				

BRAVO !
Colle ici ton autocollant.

Chasse aux araignées

Dénombrer des quantités jusqu'à 5

Des araignées se sont échapées dans la ville !

Aide Spin : compte et colorie le bon nombre d'araignées sur chaque ligne.

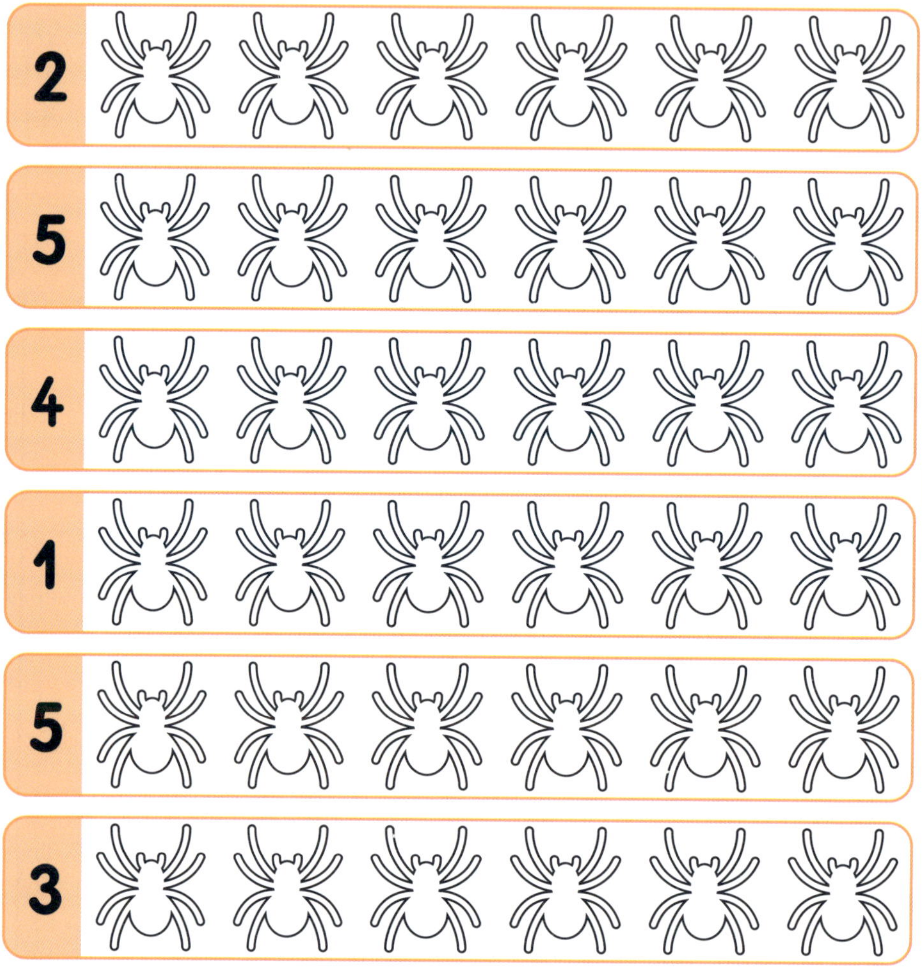

BRAVO !

Colle ici ton autocollant.

Les billes

Identifier des lettres dans deux graphies

Joue aux billes avec Peter !

Relie chaque lettre capitale à la lettre en script correspondante.

B	j
D	b
J	d
P	u
R	p
U	r

BRAVO !
Colle ici ton autocollant.

Bravo, Spidey !

Écrire le chiffre 5

Spidey a attrapé 5 araignées !
Repasse sur les pointillés et complète les lignes.

BRAVO !
Colle ici ton autocollant.

Trois super-amis

Écrire des mots en lettres capitales

Les trois amis sont inséparables, ils font tout ensemble !

Écris le prénom des amis sous les modèles.

GWEN

MILES

PETER

BRAVO ! Colle ici ton autocollant.

La recherche du 5

Reconnaître le chiffre 5

Hulk veut devenir très fort pour trouver des chiffres !

Aide-le : entoure les chiffres et les constellations du 5.

5

1 6 5 3 5 4 5 3 2 4 5 5

BRAVO !
Colle ici ton autocollant.

U comme Univers

Identifier le son [u]

Sur sa route, Spidey voit plein de panneaux.
Colorie le panneau si l'objet qu'il contient a le son [u] dans son nom.

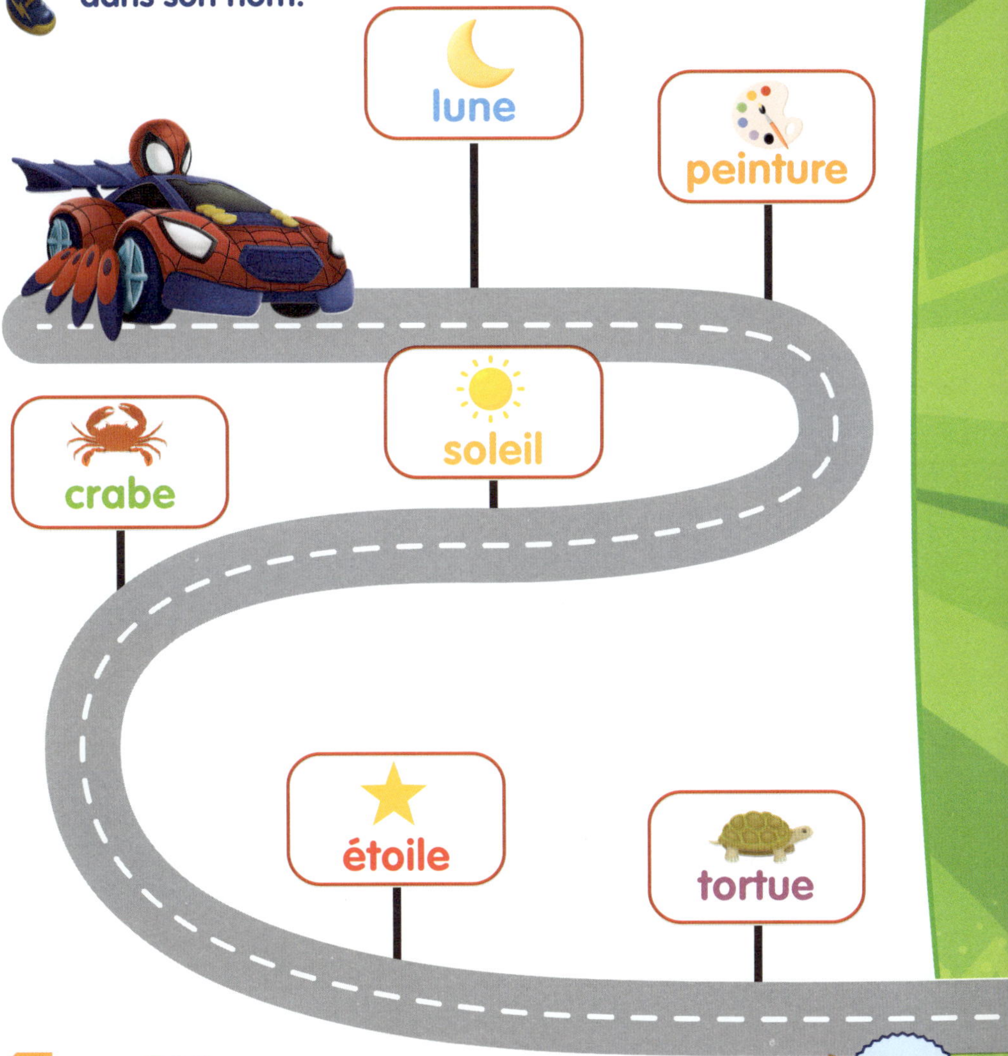

BRAVO !
Colle ici ton autocollant.

Dans le bon ordre

Réaliser un algorithme

Ghost-Spider essaie de colorier les formes de ses puzzles dans le bon ordre.

Continue à colorier les formes en respectant l'ordre des couleurs.

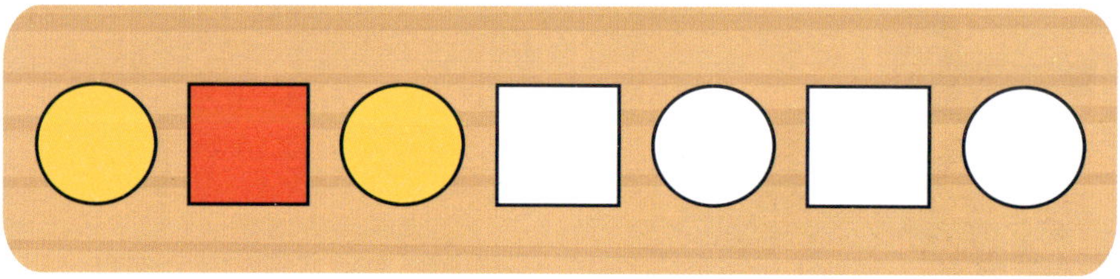

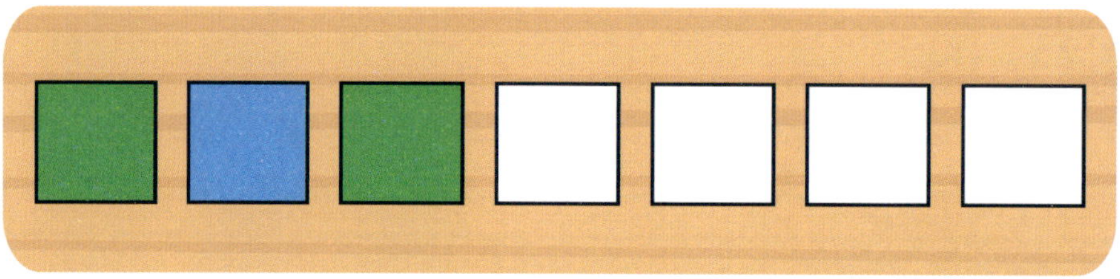

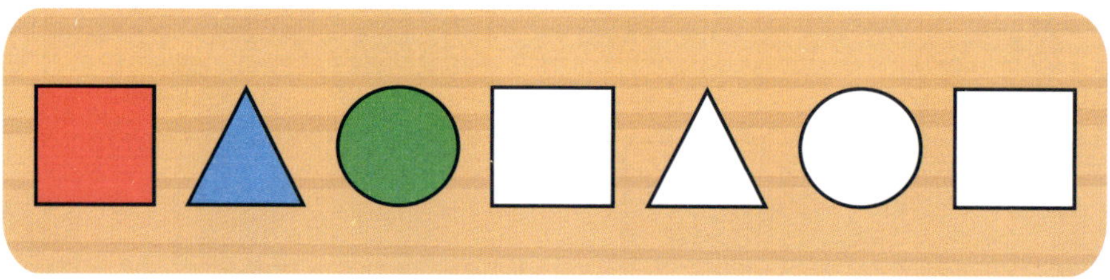

Le S de Spidey

Écrire la lettre S

Spidey te montre comment écrire l'initiale de son prénom.

Repasse sur les pointillés et complète les lignes.

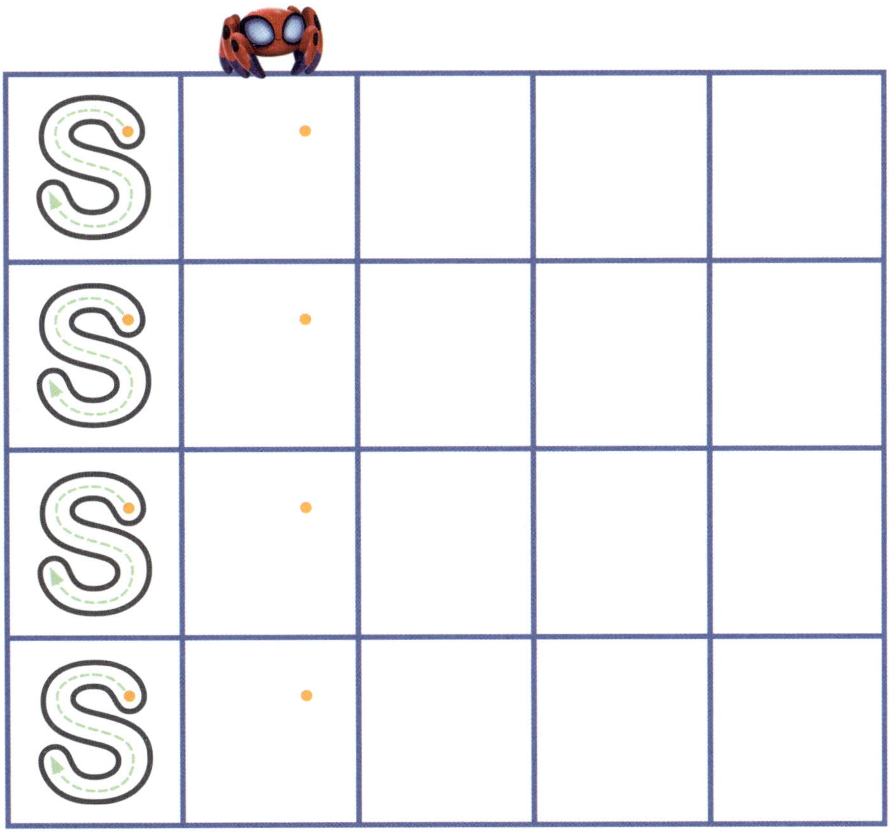

BRAVO !
Colle ici ton autocollant.

Les jouets de Peter

Reconnaître des petites quantités

Peter compte ses jouets.

Relie chaque ensemble au nombre qui lui correspond.

1 2 3 4

BRAVO !
Colle ici ton autocollant.

Le gourmand !

Faire correspondre des mots en capitales et en script

Hulk est très gourmand ! Il adore toutes les pâtisseries.

Relie les mots en capitales aux mots en script correspondants.

BISCUIT • • éclair

ÉCLAIR • • macaron

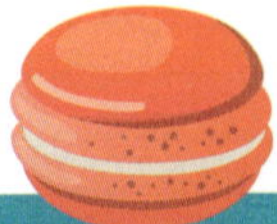

MACARON • • biscuit

TARTE • • tarte

BRAVO !
Colle ici ton autocollant.

Super-méchants !

Écrire le chiffre 4

Voici les 4 super-méchants qui embêtent souvent Spidey !

Repasse sur les pointillés et complète chaque ligne.

4 4 4 4 4 4

4

4

BRAVO !
Colle ici ton autocollant.

S comme Spidey

Identifier le son [s]

La Guêpe aide Ant-Man à attraper des objets.
Aide-les à ton tour !

Colorie le dessin si tu entends le son [s] dans son nom.

serpent

sapin

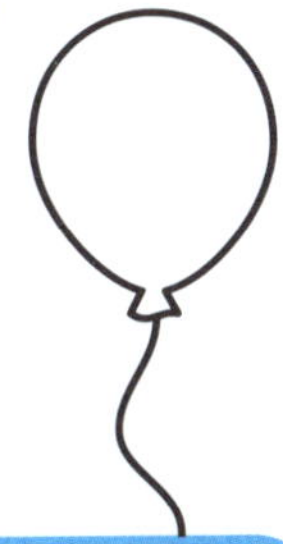

ballon

chat

escargot

chocolat

tasse

BRAVO !
Colle ici ton autocollant.

La traque du 4

Reconnaître le chiffre 4

Ghost-Spider doit capturer tous les 4 !

Colorie tous les 4 en jaune.

BRAVO !
Colle ici ton autocollant.

Super équipe !

Écrire des mots en lettres capitales

Spidey, Ghost-Spider et Spin forment une super équipe !

Écris le prénom des personnages sous les modèles.

SPIDEY

_ _ _ _ _ _

SPIN

_ _ _ _

GHOST-SPIDER

_ _ _ _ _ - _ _ _ _ _ _

BRAVO !
Colle ici ton autocollant.

Les empreintes

Comparer des tailles

Miss Marvel compare les empreintes d'animaux sur le sol.

Pour chaque sorte d'empreinte, entoure la plus petite en bleu et la plus grande en rouge.

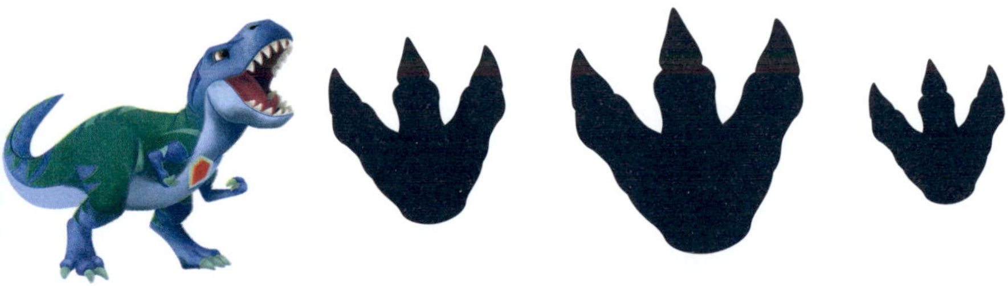

BRAVO !
Colle ici ton autocollant.

Tempête !

Tracer des spirales

Ghost-Spider a attrapé Octopus en pleine tempête !

Trace les spirales en repassant sur les pointillés, puis essaie d'en dessiner d'autres.

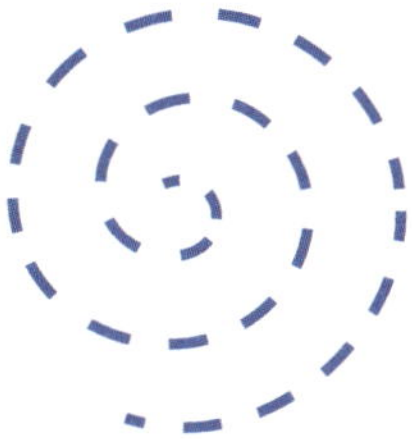

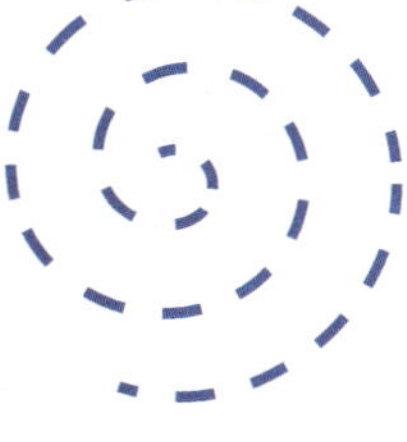

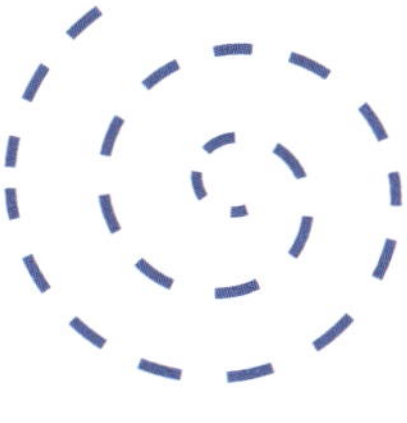

BRAVO !
Colle ici ton autocollant.

Spin et les formes

Reconnaître les formes géométriques

Spin aime beaucoup peindre et colorier. Aide-le !

Colorie les formes en respectant les couleurs indiquées.

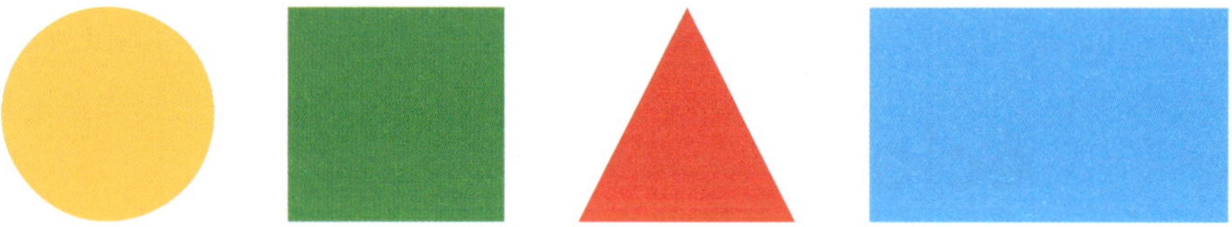

BRAVO !
Colle ici ton autocollant.

Comme un méchant

Retrouver des mots identiques aux modèles

Docteur Octopus et le Bouffon Vert ont souvent des robots et des citrouilles !

Dans chaque groupe, entoure les mots en script correspondants au mot en capitales.

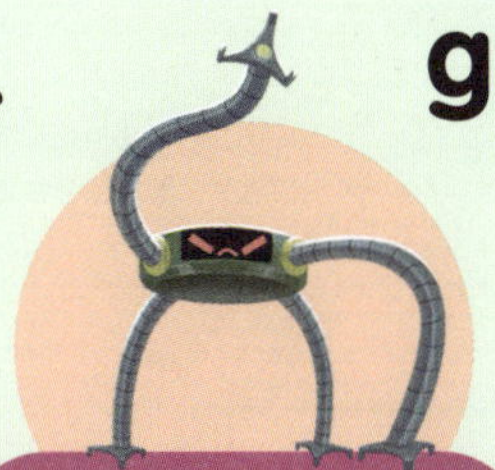

ROBOT

éclair

gâteau

robot

robot

aventure

robot

amis

CITROUILLE

gâteau

citrouille

citrouille

éclair

amis

citrouille

BRAVO !

Colle ici ton autocollant.

3 super-héros

Écrire le chiffre 3

Spidey, Ghost-Spider et Spin forment une équipe de 3 super-héros !

Repasse sur les pointillés et complète les lignes.

BRAVO !

Colle ici ton autocollant.

À l'aquarium

Tracer des vagues

Les amis sont en visite à l'aquarium.

Trace le chemin des animaux en repassant sur les pointillés. Puis trace le dernier chemin tout seul.

BRAVO !
Colle ici ton autocollant.

La chasse aux 3

Reconnaître le chiffre 3

Spin doit capturer tous les 3 !

Colorie les cartes qui représentent le chiffre 3 et les constellations du 3.

BRAVO !
Colle ici ton autocollant.

Par la ville

Écrire une phrase sous un modèle

Spidey aime passer par la ville pour rentrer chez lui.

Recopie la phrase sous le modèle.

SPIDEY EST EN VILLE.

....

....

BRAVO !
Colle ici ton autocollant.

Les meilleurs amis

Écrire le chiffre 2

Peter et Miles sont 2 meilleurs amis !

Repasse sur les pointillés et complète les lignes.

2 2 2 2 2 2

2

2

BRAVO !
Colle ici ton autocollant.

Lancers de fils

Tracer des boucles

L'équipe s'entraîne à lancer des fils pour faire des toiles !

Trace les boucles des fils. Puis trace les dernières boucles tout seul.

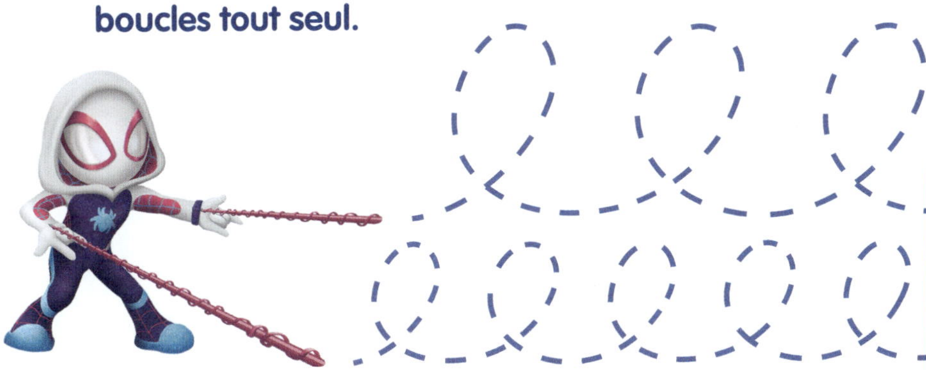

BRAVO !
Colle ici ton autocollant.

C'est parti !

Reconnaître le chiffre 2

Aide Black Panther à rejoindre Hulk.

Passe par tous les chiffres 2 pour tracer son chemin.

BRAVO !
Colle ici ton autocollant.

Au parc

Faire correspondre des mots en script et en capitales

Au parc, Peter a rencontré plein d'animaux.

Relie les mots en script aux mots en capitales correspondants.

 oiseau •	• ÉCUREUIL
 papillon •	• OISEAU
 écureuil •	• PAPILLON
 canard •	• FOURMI
 fourmi •	• CANARD

BRAVO !
Colle ici ton autocollant.

Rhino dans les filets !

Écrire le chiffre 1

L'équipe Spidey a attrapé 1 méchant : Rhino !
Repasse sur les pointillés et complète les lignes.

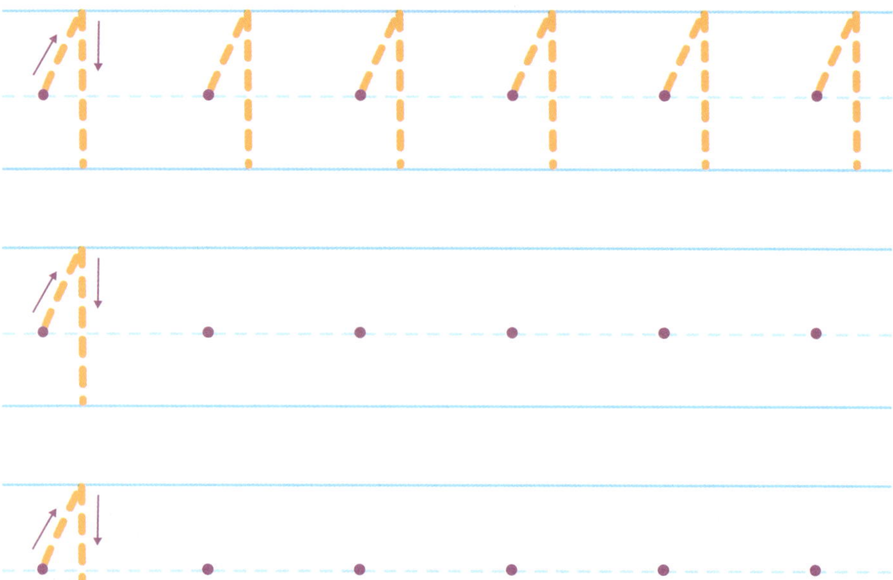

BRAVO !
Colle ici ton autocollant.

Le match

Écrire une phrase sous un modèle

Les trois amis adorent jouer au basket-ball ensemble.

Recopie la phrase sous le modèle.

LES AMIS JOUENT ENSEMBLE.

....

....

BRAVO ! Colle ici ton autocollant.

Dans la toile du 1

Reconnaître le chiffre 1

Spidey veut attraper tous les chiffres 1 avec ses fils !

Aide-le : entoure tous les 1 que tu vois.

1 1 5

3 2

1

6 8

1 1 1

7 3

4 1

BRAVO !
Colle ici ton autocollant.